UFO - LOGBUCH

UFO & ORB SICHTUNG - Logbuch für Paranormale Aktivitäten/Phänomene

Bibliografische Information durch die Deutsche Nationalbibliothek

Die Deutsche Nationalbibliothek verzeichnet diese Publikation in der Deutschen Nationalbibliografie; detaillierte bibliografische Daten sind im Internet über http://dnb.dnb.de abrufbar.

Ein Beispiel unserer Sichtung am Edersee am 17.10.2019 um 17:50 Uhr. Hier nachzulesen: ISBN-13: 9-78374-9-48145-3

© 2023 Renate Sültz & Uwe H. Sültz

Herstellung und Verlag:

BoD – Books on Demand, Norderstedt

ISBN 9-78373-4-74219-4

Das Atom

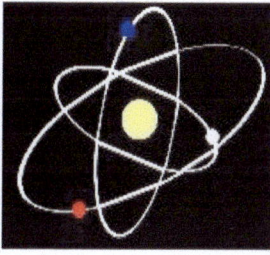
Das Sonnensystem

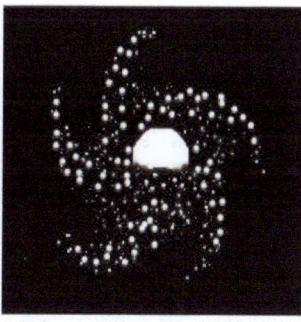
Die Galaxien

Physikalische Systeme

Objekte, die ein Ganzes sind und sich in der Raumzeit in einer Umgebung abgrenzen, sind Physikalische Systeme. Bislang fehlt der Beweis beim Universum. Überlegung: Viele Universen könnten in einem Raum sein, den man Omnium (das Ganze) nennen könnte. Dann hat unser Universum eine Umgebung.
Autorenteam Sultz auf Sylt

Vom Atom bis zum Omnium
Eine Überlegung vom Autorenteam Sültz auf Sylt

Das Universum

Das Omnium

Zeichnung und/oder Foto

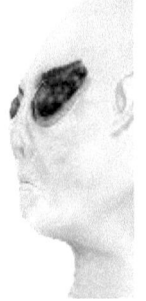

Datum _____

Zeit _____

Form ▢ ● ▬ ▢ ▲

Leuchtkraft ___ stark ___ mittel ___ schwach ___

Geräusche ___ ja ___ nein

Wo am Himmel gesichtet und Bewegung einzeichnen

Widder	Stier	Zwilling
Wassermann	Fische	Löwe
Krebs	Schütze	Steinbock
Jungfrau	Waage	Skorpion

Sichtung im Sternbild

Info _____

_____

_____

_____

Wetter

Zeichnung und/oder Foto

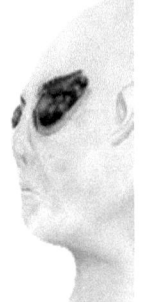

Datum _____

Zeit _____

Form ⬜ ⚫ ⬜ ⬛ ⬜ ▲

Leuchtkraft ___ stark ___ mittel ___ schwach ___

Geräusche ___ ja ___ nein

Wo am Himmel gesichtet und Bewegung einzeichnen

Sichtung im Sternbild

Widder, Stier, Zwilling, Wassermann, Fische, Löwe, Krebs, Schütze, Steinbock, Jungfrau, Waage, Skorpion

Info _____

_____

_____

_____

Wetter

Zeichnung und/oder Foto

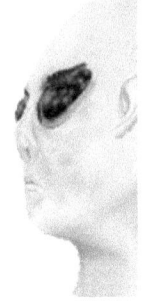

Datum _____

Zeit _____

Form ▢ ⬤ ⬬ ▢ ▲

Leuchtkraft __ stark __ mittel __ schwach __
Geräusche ____ ja ____ nein

Wo am Himmel gesichtet und Bewegung einzeichnen

Sichtung im Sternbild
Info _____
_____
_____
_____

Wetter

Zeichnung und/oder Foto

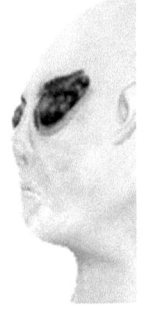

Datum _____

Zeit _____

Form ☐ ● ☐ ⬬ ☐ ▲

Leuchtkraft __ stark __ mittel __ schwach

Geräusche ____ ja ____ nein

Wo am Himmel gesichtet und Bewegung einzeichnen

☐ 🧭   ☐ 🧭   ☐ 🧭   ☐ 🧭

Sichtung im Sternbild

☐ Widder ☐ Stier ☐ Zwilling
☐ Wassermann ☐ Fische ☐ Löwe
☐ Krebs ☐ Schütze ☐ Steinbock
☐ Jungfrau ☐ Waage ☐ Skorpion

Info _____
_____
_____
_____

Wetter

Zeichnung und/oder Foto

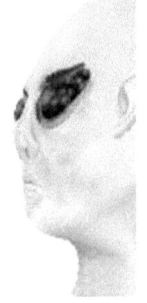

Datum _____

Zeit _____

Form   ▬ ● ▬ ⬭ ▬ ▲

Leuchtkraft ___ stark ___ mittel ___ schwach ___
Geräusche _____ ja _____ nein

Wo am Himmel gesichtet und Bewegung einzeichnen

	Widder		Stier		Zwilling	
	Wassermann		Fische		Löwe	
	Krebs		Schütze		Steinbock	
	Jungfrau		Waage		Skorpion	

Sichtung im Sternbild

Info _____

_____

_____

_____

Wetter

Zeichnung und/oder Foto

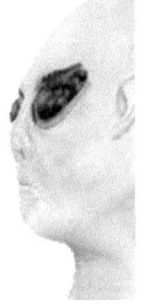

Datum _____

Zeit _____

Form ▢ ⬤ ▢ ⬬ ▢ ▲

Leuchtkraft ___ stark ___ mittel ___ schwach ___

Geräusche ___ ja ___ nein

Wo am Himmel gesichtet und Bewegung einzeichnen

▢ 🧭 ▢ 🧭 ▢ 🧭 ▢ 🧭

Sichtung im Sternbild

Widder ▢ Stier ▢ Zwilling ▢
Wassermann ▢ Fische ▢ Löwe ▢
Krebs ▢ Schütze ▢ Steinbock ▢
Jungfrau ▢ Waage ▢ Skorpion ▢

Info _____
_____
_____
_____

Wetter

▢ ▢ ▢ ▢ ▢ ▢ ▢

Zeichnung und/oder Foto

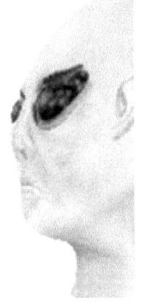

Datum _____

Zeit _____

Form ▪ ● ▪ ⬬ ▪ ▲

Leuchtkraft ___ stark ___ mittel ___ schwach ___
Geräusche _____ ja _____ nein

Wo am Himmel gesichtet und Bewegung einzeichnen

Sichtung im Sternbild

Widder ☐ Stier ☐ Zwilling ☐
Wassermann ☐ Fische ☐ Löwe ☐
Krebs ☐ Schütze ☐ Steinbock ☐
Jungfrau ☐ Waage ☐ Skorpion ☐

Info _____
_____
_____

Wetter

Zeichnung und/oder Foto

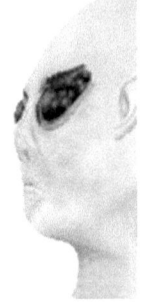

Datum _____
Zeit _____
Form ▢ ● ▢ ⬬ ▢ ▲
Leuchtkraft ___ stark ___ mittel ___ schwach
Geräusche _____ ja _____ nein

Wo am Himmel gesichtet und Bewegung einzeichnen

Widder ▢ Stier ▢ Zwilling ▢
Wassermann ▢ Fische ▢ Löwe ▢
Krebs ▢ Schütze ▢ Steinbock ▢
Jungfrau ▢ Waage ▢ Skorpion ▢

Sichtung im Sternbild
Info _____
_____
_____
_____

Wetter

Zeichnung und/oder Foto

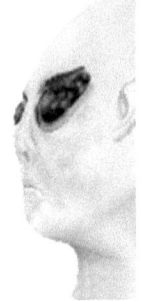

Datum _____

Zeit _____

Form ☐ ● ☐ ⬬ ☐ ▲

Leuchtkraft __ stark __ mittel __ schwach __

Geräusche ___ ja ___ nein

Wo am Himmel gesichtet und Bewegung einzeichnen

☐ 🧭 ☐ 🧭 ☐ 🧭 ☐ 🧭

Widder	Stier	Zwilling
Wassermann	Fische	Löwe
Krebs	Schütze	Steinbock
Jungfrau	Waage	Skorpion

Sichtung im Sternbild

Info _____

_____

_____

_____

Wetter

Zeichnung und/oder Foto

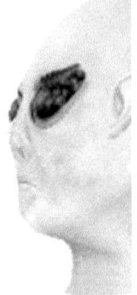

Datum _____

Zeit _____

Form ⬜ ⚫ ⬜ ⬛ ⬜ ▲

Leuchtkraft ___ stark ___ mittel ___ schwach

Geräusche ___ ja ___ nein

Wo am Himmel gesichtet und Bewegung einzeichnen

⬜ 🧭 ⬜ 🧭 ⬜ 🧭 ⬜ 🧭

Widder ⬜ Stier ⬜ Zwilling ⬜
Wassermann ⬜ Fische ⬜ Löwe ⬜
Krebs ⬜ Schütze ⬜ Steinbock ⬜
Jungfrau ⬜ Waage ⬜ Skorpion ⬜

Sichtung im Sternbild
Info _____
_____
_____
_____

Wetter

Zeichnung und/oder Foto

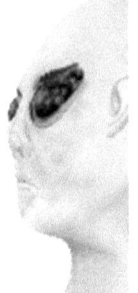

Datum _____

Zeit _____

Form ■ ● ■ ⬭ ■ ▲

Leuchtkraft ___ stark ___ mittel ___ schwach ___
Geräusche ___ ja ___ nein

Wo am Himmel gesichtet und Bewegung einzeichnen

Sichtung im Sternbild
Info _____
_____
_____
_____

Wetter

Zeichnung und/oder Foto

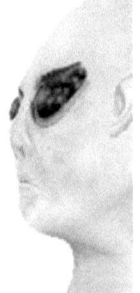

Datum _____

Zeit _____

Form ☐ ● ☐ ⬬ ☐ ▲

Leuchtkraft __ stark __ mittel __ schwach

Geräusche ___ ja ___ nein

Wo am Himmel gesichtet und Bewegung einzeichnen

☐ 🧭 ☐ 🧭 ☐ 🧭 ☐ 🧭

Widder ☐	Stier ☐	Zwilling ☐
Wassermann ☐	Fische ☐	Löwe ☐
Krebs ☐	Schütze ☐	Steinbock ☐
Jungfrau ☐	Waage ☐	Skorpion ☐

Sichtung im Sternbild

Info _____
_____
_____
_____

Wetter

☐ ☐ ☐ ☐ ☐ ☐ ☐

Zeichnung und/oder Foto

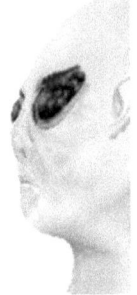

Datum _____

Zeit _____

Form ☐ ● ☐ ⬬ ☐ ▲

Leuchtkraft ___ stark ___ mittel ___ schwach ___

Geräusche ___ ja ___ nein

Wo am Himmel gesichtet und Bewegung einzeichnen

☐ 🧭 ☐ 🧭 ☐ 🧭 ☐ 🧭

Sichtung im Sternbild

Info _____

_____

_____

Wetter

Zeichnung und/oder Foto

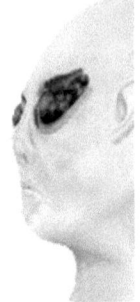

Datum _____

Zeit _____

Form ⬜ ⬛ ⬜ ⬬ ⬜ ▲

Leuchtkraft __ stark __ mittel __ schwach

Geräusche ___ ja ___ nein

Wo am Himmel gesichtet und Bewegung einzeichnen

⬜ 🧭 ⬜ 🧭 ⬜ 🧭 ⬜ 🧭

Sichtung im Sternbild

- ⬜ Widder
- ⬜ Stier
- ⬜ Zwilling
- ⬜ Wassermann
- ⬜ Fische
- ⬜ Löwe
- ⬜ Krebs
- ⬜ Schütze
- ⬜ Steinbock
- ⬜ Jungfrau
- ⬜ Waage
- ⬜ Skorpion

Info _____
_____
_____
_____

Wetter

Zeichnung und/oder Foto

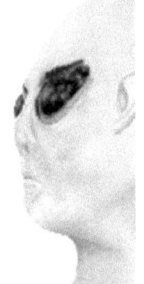

Datum _____

Zeit _____

Form ☐ ● ☐ ⬭ ☐ ▲

Leuchtkraft ___ stark ___ mittel ___ schwach ___

Geräusche ___ ja ___ nein

Wo am Himmel gesichtet und Bewegung einzeichnen

Sichtung im Sternbild

Info _____

_____

_____

_____

Wetter

Zeichnung und/oder Foto

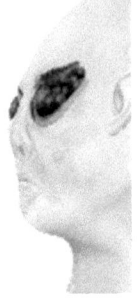

Datum _____

Zeit _____

Form ▢ ● ▢ ⬭ ▢ ▲

Leuchtkraft __ stark __ mittel __ schwach __

Geräusche ____ ja ____ nein

Wo am Himmel gesichtet und Bewegung einzeichnen

Sichtung im Sternbild

Info _____

_____

_____

_____

Wetter

Zeichnung und/oder Foto

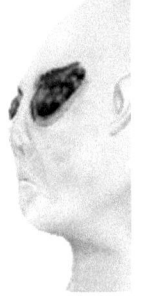

Datum _____

Zeit _____

Form   ▪ ●   ▬ ▴

Leuchtkraft ___ stark ___ mittel ___ schwach

Geräusche ___ ja ___ nein

Wo am Himmel gesichtet und Bewegung einzeichnen

Sichtung im Sternbild

Widder Stier Zwilling
Wassermann Fische Löwe
Krebs Schütze Steinbock
Jungfrau Waage Skorpion

Info _____
_____
_____
_____

Wetter

Zeichnung und/oder Foto

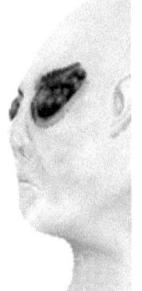

Datum _____

Zeit _____

Form ⬛ ⚫ ⬛ ⬯ ⬛ ▲

Leuchtkraft ___ **stark** ___ **mittel** ___ **schwach** ___

Geräusche ___ **ja** ___ **nein**

Wo am Himmel gesichtet und Bewegung einzeichnen

☐ 🧭   ☐ 🧭   ☐ 🧭   ☐ 🧭

Widder ☐	Stier ☐	Zwilling ☐
Wassermann ☐	Fische ☐	Löwe ☐
Krebs ☐	Schütze ☐	Steinbock ☐
Jungfrau ☐	Waage ☐	Skorpion ☐

Sichtung im Sternbild

Info _____

_____

_____

_____

Wetter

☐ ☐ ☐ ☐ ☐ ☐ ☐ ☐

Zeichnung und/oder Foto

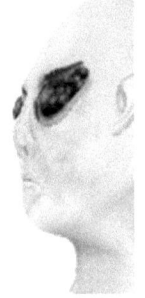

Datum _____
Zeit _____
Form   ⬛ ⬤   ⬛ ⬬   ⬛ ▲
Leuchtkraft ___ stark ___ mittel ___ schwach
Geräusche ___ ja ___ nein

Wo am Himmel gesichtet und Bewegung einzeichnen

Sichtung im Sternbild
Info _____
_____
_____
_____

Wetter

Zeichnung und/oder Foto

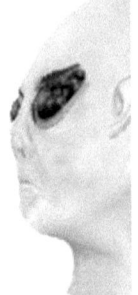

Datum _____

Zeit _____

Form ▢ ⬤ ▢ ⬬ ▢ ▲

Leuchtkraft __ stark __ mittel __ schwach __

Geräusche _____ ja _____ nein

Wo am Himmel gesichtet und Bewegung einzeichnen

▢ 🧭   ▢ 🧭   ▢ 🧭   ▢ 🧭

Sichtung im Sternbild
Info _____
_____
_____
_____

Widder ▢   Stier ▢   Zwilling ▢
Wassermann ▢   Fische ▢   Löwe ▢
Krebs ▢   Schütze ▢   Steinbock ▢
Jungfrau ▢   Waage ▢   Skorpion ▢

Wetter

Zeichnung und/oder Foto

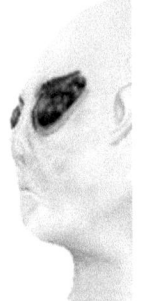

Datum _____

Zeit _____

Form   ▢ ●   ▢ ⬭   ▢ ▲

Leuchtkraft ___ stark ___ mittel ___ schwach

Geräusche ___ ja ___ nein

Wo am Himmel gesichtet und Bewegung einzeichnen

▢ 🧭   ▢ 🧭   ▢ 🧭   ▢ 🧭

Sichtung im Sternbild

Widder ▢   Stier ▢   Zwilling ▢
Wassermann ▢   Fische ▢   Löwe ▢
Krebs ▢   Schütze ▢   Steinbock ▢
Jungfrau ▢   Waage ▢   Skorpion ▢

Info _____

_____

_____

_____

Wetter

Zeichnung und/oder Foto

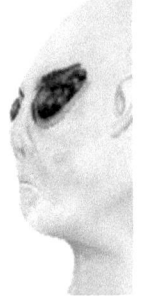

Datum _____

Zeit _____

Form ▢ ● ▢ ⬭ ▢ ▲

Leuchtkraft __ stark __ mittel __ schwach __

Geräusche ____ ja ____ nein

Wo am Himmel gesichtet und Bewegung einzeichnen

▢ 🧭 ▢ 🧭 ▢ 🧭 ▢ 🧭

Sichtung im Sternbild

Widder ▢ Stier ▢ Zwilling ▢
Wassermann ▢ Fische ▢ Löwe ▢
Krebs ▢ Schütze ▢ Steinbock ▢
Jungfrau ▢ Waage ▢ Skorpion ▢

Info _____
_____
_____
_____

Wetter

Zeichnung und/oder Foto

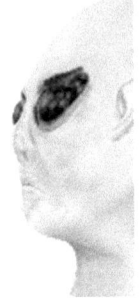

Datum _____

Zeit _____

Form ▢ ● ▢ ⬬ ▢ ▲

Leuchtkraft __ stark __ mittel __ schwach __

Geräusche ____ ja ____ nein

Wo am Himmel gesichtet und Bewegung einzeichnen

Sichtung im Sternbild

Info _____

_____

_____

_____

Wetter

Zeichnung und/oder Foto

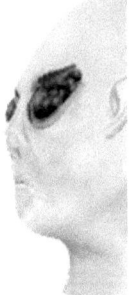

Datum _____

Zeit _____

Form ⬛ ● ⬛ ⬬ ⬛ ▲

Leuchtkraft ___ stark ___ mittel ___ schwach ___
Geräusche ___ ja ___ nein

Wo am Himmel gesichtet und Bewegung einzeichnen

Sichtung im Sternbild
Info _____

_____

_____

_____

Wetter

Sternbilder: Widder, Stier, Zwilling, Wassermann, Fische, Löwe, Krebs, Schütze, Steinbock, Jungfrau, Waage, Skorpion

Zeichnung und/oder Foto

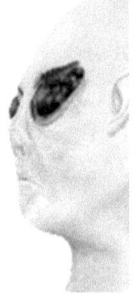

Datum _____

Zeit _____

Form ▢ ● ▢ ⬭ ▢ ▲

Leuchtkraft ___ stark ___ mittel ___ schwach ___
Geräusche ___ ja ___ nein

Wo am Himmel gesichtet und Bewegung einzeichnen

Sichtung im Sternbild
Info _____
_____
_____
_____

Wetter

Datum __17. Oktober 2019__
Zeit __17:50 Uhr__
Form   X   ●    ▲

Leuchtkraft __ stark X mittel __ schwach __
Geräusche __ ja X nein

Wo am Himmel gesichtet und Bewegung einzeichnen

 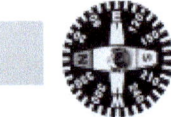 X

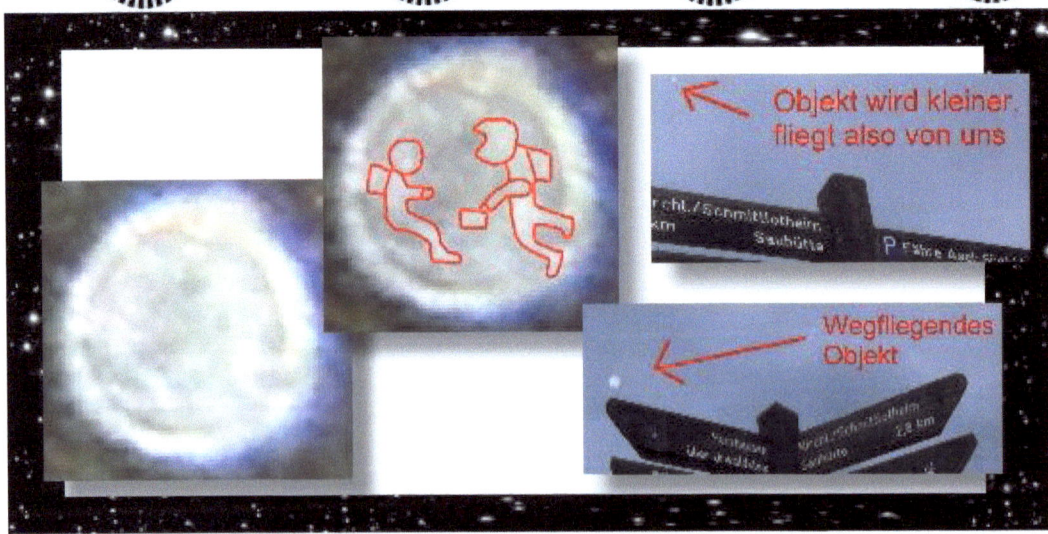

Sichtung im Sternbild
Info Alle Bilder sind in Original-Zustand, nicht manipuliert.
Genauer Ort: 51 10'34.9"N 8 57'10.7"E Asel-Süd
Kamera: CASIO EXILIM
Anwesende: Renate und Uwe H. Sültz
Sonnenuntergang: 18:07 Uhr
Wetter Mondaufgang: 20:05 Uhr

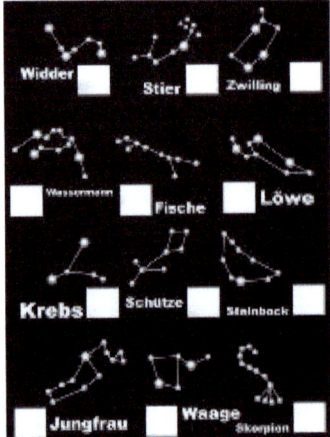